KalleCat

Hemmo Vattulainen

Peru Bolivia
Titicaca-järvi

KalleCat Hemmo Vattulainen
Kontiolahti
ISBN 978-952-5399-76-9

Titicaca-järvi

Titicaca (esp. Lago Titicaca) on Etelä-Amerikan suurin järvi. Se sijaitsee 3 800 metriä meren pinnan yläpuolella ja on maailman korkeimmalla sijaitseva purjehduskelpoinen järvi. Titicacan pinta-ala on 8 300 neliökilometriä, ja se sijaitsee ylängöllä Andien vuoristossa Perun ja Bolivian rajalla. Yli 25 jokea laskee Titicacaan ja tuo siihen viileää vettä jäätiköiltä. Desaguadero-joki on järven ainoa laskujoki, mutta suurin osa vedestä poistuukin haihdunnan kautta,

Titicaca-järvi on myös nimeltään "inkaksen syntymäpaikka" ja "auringon synnyinpaikka". Inka-mytologia kertoo, että ensimmäinen Inka-kuningas, Manco Capac, syntyi Titicaca-järvellä. Jumalat loivat myöhemmin hänelle vaimon, ja he perustivat heimon, josta myöhemmin kasvoi Inka-imperium ja Titicaca-järvestä muodostui "Inka kotikaupunki". Vanha Inka-myytti kertoo tarinan Jumalan Viracochan tulemisesta järvestä ja auringon, tähtien ja ensimmäisten ihmisten luomisesta.

Järvi koostuu kahdesta lähes erillisestä järven osista, joita Tiquinan salmi yhdistää, joka on kapeimmassa kohdassa 800 metriä leveä. Järven eteläosassa on lähes erillinen Huiñamarcan allas, joka yhdistyy pääjärveen. Titicaca-järven suurin pituus on 190 km ja leveys 80 km.

Titicacalla on neljäkymmentäyksi saarta, joista osa on tiheästi asuttu.
Titicacan suosituimpia nähtävyyksiä ovat Los Uros – kelluvista kaisloista tehdyt keinotekoiset saaret. Kaislasaaret lahoavat pohjastaan, mutta niiden pintaan lisätään uusia kerroksia kaislaa.
Taquile-saarella on ollut asutusta yli 10 000 vuoden ajan. 1200-luvulle asti siellä asui tihuanaco-kansaa, jotka joutuivat inkojen valloitusretkien kohteeksi.
Isla del Sol - Auringon saari sijaitsee Bolivian puolella. Siellä on jäänteitä inkojen rakennuksista, ja myytit ensimmäisestä inkasta liittyvät tähän saareen.

Titicaca on Ramsarin sopimuksella suojeltu vesialue vuodesta 1998 asti. Siellä elää yli kuusikymmentä lintulajia, mm. flamingoja ja uhanalainen kotoperäinen lentokyvytön titicacanuikku. Luontaisia kalalajeja ovat killit, mm. karachi ja monnikalojen heimon Trichomycterus-sukuun kuuluva boga. 1930-luvun lopussa järveen istutettiin taimenia ja makrilleja. Noin 90 prosenttia järven kalalajeista on kotoperäisiä. Titicaca-järven oman lajin sammakko Telmatobius culeus voi kasvaa kilon painoiseksi ja jopa 50 senttimetriä pitkäksi.

Kävimme kaupassa ostoksilla ja myymässä lampaan villaa,

ja sitten menimme Titicaca-järven rannalle syömään vihreää ruohoa.

Los Uros - Kaislasaaret.

Titicacan-järven suosituimpia nähtävyyksiä on Los Uros – kelluvista kaisloista tehdyt keinotekoiset saaret. Saarilla asuu edelleen noin 300 henkeä.

Uros-kansan mobiili elämänmuoto sai alkunsa jo satoja vuosia sitten, kun urokset halusivat eristäytyä mantereella temmeltävistä sotaisista kansoista mm. inkojen hyökkäyksistä. Saaren asutusten tarkoitus oli alun perin puolustava.

Uru lukeutuu muinaisista ihmisistä, jotka legendan mukaan olivat Pukinas-kansaa ja puhuivat Urua tai Pukinaa. He pitivät itseään järven ja veden omistajina. Legendan mukaan Uru sanoikin, että heillä oli mustaa verta, koska he eivät tunne kylmää. He ovat historialliselta nimeltään Lupihaques ("Sons of the Sun"). Nykyisin Urut eivät puhu Uru-kieltä, vaikka he ylläpitävät identiteettiään ja vanhoja tapoja.

Uru kävi kauppaa Aymara-heimon kanssa mantereella, solmivat heidän kanssaan liittoja ja lopulta he hylkäsivät Uru-kielen Aymara-kielen puolesta. Noin 500 vuotta sitten he menettivät alkuperäisen kielen. Kun Inka-imperiumi valloitti heidät ja he joutuivat maksamaan heille veroja ja usein heistä tuli orjia .

Uros-kansa käyttää järvessä kasvavaa totora-olkea talojensa, veneitensä sekä itse kotisaarensa rakentamiseen. Monen olkikerroksen saari mätänee pohjasta ja päälle levitetään uutta ja kuivaa kortta. Olkisaaret ovat pehmoiset kävellä.

Suuremmilla saarilla on noin kymmenen perhettä, kun taas pienemmät, vain noin kolmekymmentä metriä leveät, asuu kaksi tai kolme perhettä.

Uru-ihmiset ovat kotiuttaneet paikallisia eläimiä auttamaan elintarvikkeiden ja muiden tarkoitusten tuottamisessa. Esimerkiksi merimetsoja, jotka kalastavat kaloja, pidetään sidottuna jaloistaan, jotta ne pyytäisivät kalaa ihmisravinnoksi. Toinen paikallinen lintu ibis kotiutui munien munimiseksi.

Uru ei hylkää nykyaikaista tekniikkaa, Joillakin veneillä on moottoreita, joissain talouksissa on aurinkopaneeleja laitteiden, kuten televisioiden käyttämiseen ja pääsaarella on Urua FM-radioasema, joka soittaa musiikkia useita tunteja päivässä.

Varhaiskasvatus tehdään useilla saarilla, mukaan lukien perinteinen koulu, jota johtaa kristillinen kirkko. Vanhemmat lapset ja yliopisto-opiskelijat käyvät koulua mantereella, usein lähellä Punoa.

Saaren asukkaat vastaanottamassa matkailijoita saarelleen.

Ruuan valmistusta.

Lasten leikkejä.

Kauppias kiertää veneellään saaresta toiseen kaupan käynnin merkeissä.

Karkkipäivä.

Minun tikkari on paremman makuinen kuin sinun tikkari.

Nuorison kokootumispaikka tähystyslavalla,

Ibislintu ja pieni perunamaa.

Ruokatarvikkeiden esittelyä.

"Matkamuistomyymälässä" myydään käsin tehtyjä matkamuistoesineitä.

Kaislamajoissa voivat myös matkailijat asua ja yöpyä.

Jauhinkivet.

Aurinko manaus - Tule aurinko pilven takaa ja anna lämpösi meille.

Taquile

Taquile on Titicacan Perun puolella sijaitseva saari 45 km:n päässä Punon kaupungista. Saarella asuu noin 2 200 ihmistä. Saari on 5,5 kilometriä pitkä ja kooltaan 2,21 neliökilometriä. Saaren korkein kohta on 4 050 metriä merenpinnan yläpuolella ja pääkylä on 3 950 metriä. Asukkaat, jotka tunnetaan nimellä Taquileños, he puhuvat Puno Quechua.

Taquileñolaiset tunnetaan heidän hienoista käsin kudotuista tekstiileistä ja vaatteista, joita pidetään Perun parhaimpana käsityön laatuna. Neulonnan tekevät yksinomaan miehet, joka alkaa varhaislapsuudessa. Naiset kehräävät villaa ja käyttävät vihanneksia ja mineraaleja villan värjäämiseen yhteiskunnan käyttöön. Naiset ovat myös Chumpin kutojia. Taquilesta tulevat hienot tekstiilit tunnetaan maailmanlaajuisesti ja ne ovat jopa suojeltuja UNESCO;n maailmanperintökohteena.

Taquileños harjoittaa yhteiskuntaa, joka perustuu yhteisön kollektivismiin ja Inkan moraaliseen koodiin ama sua, ama llulla, ama qhilla (Quechua "Älä varasta, älä mene, älä ole laiska"). Saari on jaettu kuuteen sektoriin tai vuoroviljelykiertoon. Talous perustuu kalastukseen, perunanviljelyyn, puutarhaviljelyyn ja noin 40 000 vierailijaa, jotka vierailevat vuosittain turisteina. Taquilen perheillä on lampaita, lehmiä, kanoja ja joskus marsuja.

Suurin osa Taquilin asukkaista on katolilaisia. Katolinen uskonto lisättynä paikallisten omilla Andien uskonnon uskomuksilla sovittaen kristilliseen kulttuurin. Äiti-maa (Pachamama), pää Andien jumaluus, ohjaa suoraan sadonkorjuuta ja hedelmällisyyttä. Saarella asuu neljä Apus jumalaa. Ihmiset tekevät useita tarjouksia näille jumaluuksille vuosittain ja he tarjoavat kolmea uhrilahjaa ennen jokaista toimintaa tai matkaa. Jumala on läsnä koko vuoden kaikissa juhlissa.

On perunapeltojen kukkimisaika.

Tyttö ja lehmä.

Keskusaukion ympärillä sijaisevia rakennuksia.

Taquilen kirkko sijaitsee keskusaukion reunassa.

Vanhempien ollessa töissä isoveli huolehtii pikkusisaresta.

Taquilen saarella miehet neulovat ja naiset kehräävät ja värjäävät neulonnassa käytettäviä lankoja.

Taquilaset seurustelevat ja seuraavat kylän elämää keskusaukiolla. Naimisissa olevat naiset pukeutuvat mustiin vaatteisiin.

Saaren asukkaiden pukeutumisella on oma koodikielensä. Punahattuiset miehet ovat naimisissa ja värikkäämpi hattuiset ovat nousemassa johtomiehiksi. Valkohattuiset miehet ovat sinkkuja.

Yhden miehen orkesteri.

Siestan viettoa keskipäivällä.

Taquilen talot ovat ruskea sävyisiä. Tiet kiemurtelevat mäkirinteillä ja peltojen keskellä.

Kyläkauppa.

Paikalliset eivät tervehdi toisiaan kättelemällä, suutelemalla tai kumartamalla. Täällä miehet kantavat kokalehtia vyötäröllä olevalla pussukassa ja tuttavan nähdessään, he vaihtavat kourallisen lehtiä keskenään.

Käsitöiden neulominen ja virkkaaminen aloitetaan lapsena.

Koska saarella ei ole moottoriajoneuvoja joudutaan tavarat kantamaan rannalta ihmisvoimin mäen päälle.

Taquilen satama.

Puno

Puno on kaupunki Kaakkois-Perussa, joka sijaitsee Titicaca-järven rannalla ja jonka asukasluku on noin 150000. Kaupunki perustettiin vuonna 1668 nimellä San Juan Bautista de Puno. Nimi muutettiin myöhemmin San Carlos de Punoon, Espanjan kuninkaan Kaarle II;n kunniaksi. Punolla on useita kirkkoja, jotka ovat peräisin siirtomaa-ajoista, ne on rakennettu palvelemaan Espanjasta tullutta väestöä ja evankelioimaan alkuperäiskansat.

Puno sijaitsee Titicaca-järven ja kaupunkia ympäröivien vuoristojen välissä. Rantojen ja vuorten välillä on alle kahden mailin tasainen maa. Tasaisen alueen täyttyessä ja kaupungin kasvaessa laajenee kaupunki ylös rinteille. Tämän seurauksena kaupungin vähemmän kehittyneet ja köyhimmät alueet ovat päätyneet korkeille rinteille. Kadut ovat erittäin jyrkkiä ja mutkaisia joita ei voi ajaa autoilla.

Puno on tärkeä maatalous- ja karja-alue. Tärkeimmät karjaeläimet ovat laama ja alpakka, jotka laiduntavat ympäristön suurilla tasangoilla.

Puno on ensimmäinen suuri keskittymä missä Andien alkuperäiskansa muutti Perun suurimpiin kaupunkeihin. Se on Etelä-Altiplanon suurin kaupunki ja se vetää puoleensa uusia asukkaita ympäröiviltä pieniltä maatalousyhteisöiltä, jotka etsivät parempia koulutus ja työllistymismahdollisuuksia. Näin ollen Puno palvelee useita pieniä laitoksia, koulutusta ja muita teknisiä tiloja sekä korkeakoulujen opetusta.

Koska Puno sijaitsee niin korkealla korkeudella, se kokee äärimmäisimmät sääolosuhteet kuin olisi odotettavissa sen trooppiselle leveysasteelle. Keskimääräinen vuotuinen lämpötila on noin 8,4 ° C ja sää ei koskaan ole liian lämmin. Kesäkuukausina kesäkuusta elokuuhun yöaikaan lämpötila laskee yleensä alle 0 ° C:seen. Tällä korkeudella auringon säteet ovat hyvin voimakkaita. Suurin osa vuotuisesta sademäärästä sataa eteläisellä pallonpuoliskolla kesän aikana ja talvikuukaudet ovat hyvin kuivia.

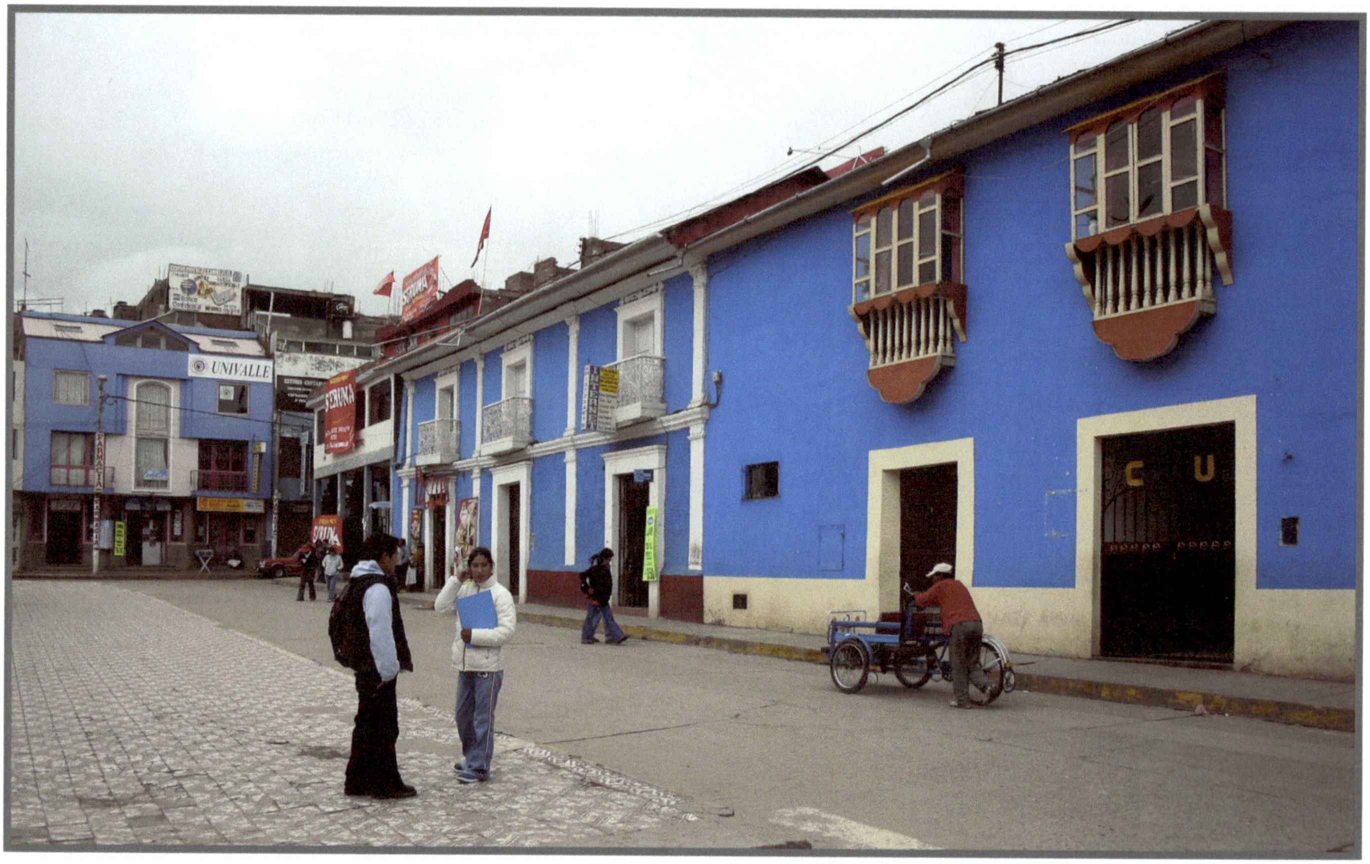
UNIVALLE
C U

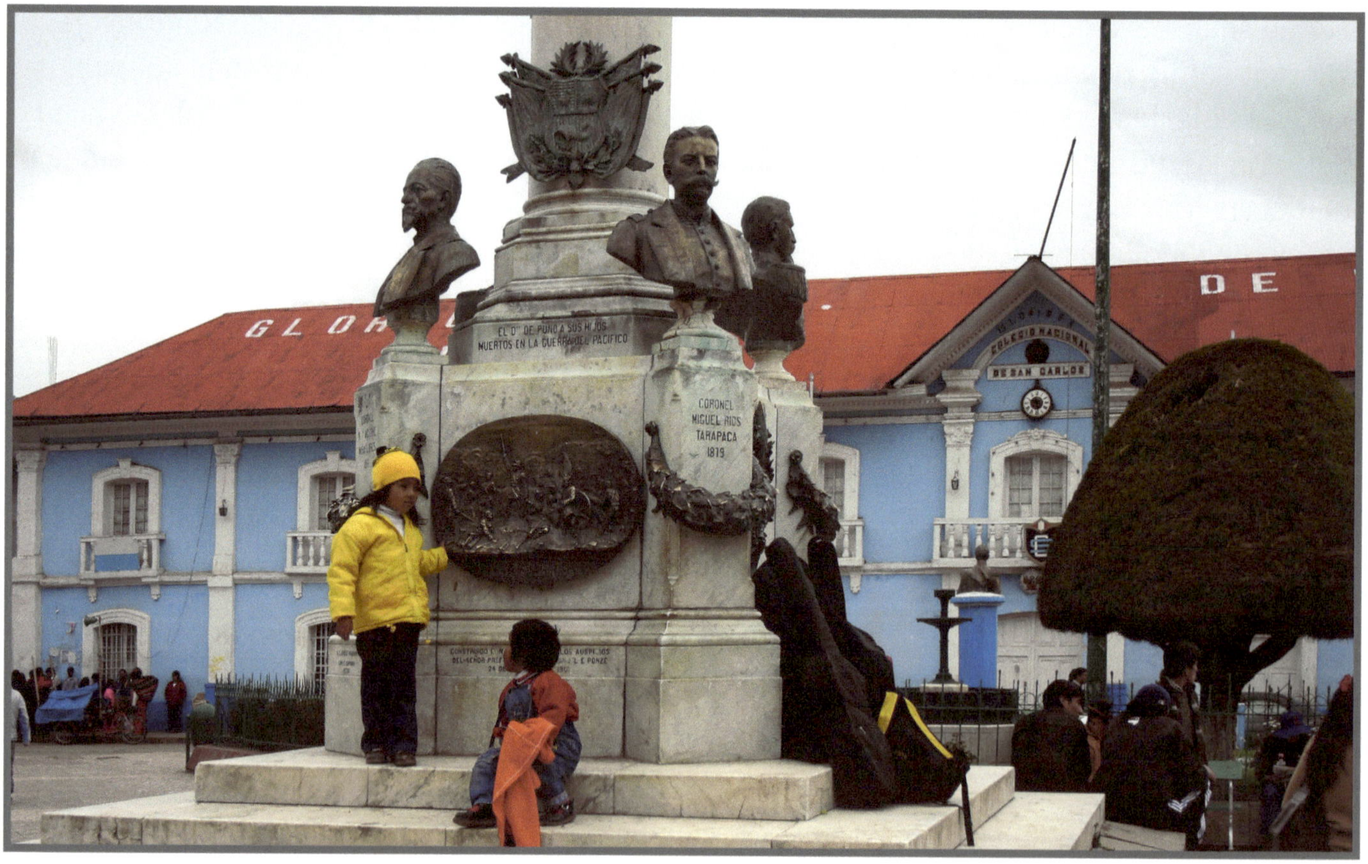
EL D" DE PUNO A SUS HIJOS
MUERTOS EN LA GUERRA DEL PACIFICO
CORONEL
MIGUEL RIOS
TARAPACA
1879
DE

Punon kaupunkia, jossa on siisti kolonialaistyylinen keskusta länsimaisilla kävelykaduilla ravintoloineen ja yökerhoineen sekä keskusaukio. Aika monet talot on maalattu sinisen väriseksi. Useimpien talojen julkisivua koristaa taidokaasti tehdyt ikkunat ja parvekkeet.

Naiset kävelyllä knallihatut päässään.
 Knallia käytetään edelleen päähineenä Etelä-Amerikassa. Erityisesti Bolivian ja Perun aimara- ja quechua-naisten vakiopäähine on pyöreäkupuinen knallihattu (espanjaksi bombín).

Pieni kahvio sisäpihalla.

Kaupungissa on festivaalit menneillään - torvisoittokuntia, tanssia, hyvää tunnelmaa.

Naiset seuraavat festivaali menoa hienoissa perinteisissä asuissaan.

seur. sivu. Miehillä on kilistimiä ja kalistimia käsissään ja kaulassa muhkeat kaulaliinat

Festivaalikulkue lähtee marssimaan läpikaupungin torvisoittokunnan johdattamana.

Koska muita tuloja ei ole täytyy perheitten pitää mm. pientä katukauppaa.

Punossa on useita kirkkoja, jotka ovat peräisin siirtomaa-ajoista.

Festivaalikulkue etenee soiton ja tanssin merkeissä.

Festivaalikulkueeseen on liittynyt lisää ihmisiä ja matka jatkuu tanssin ja soiton tahdissa.

Tanssia kaupungin kaduilla.

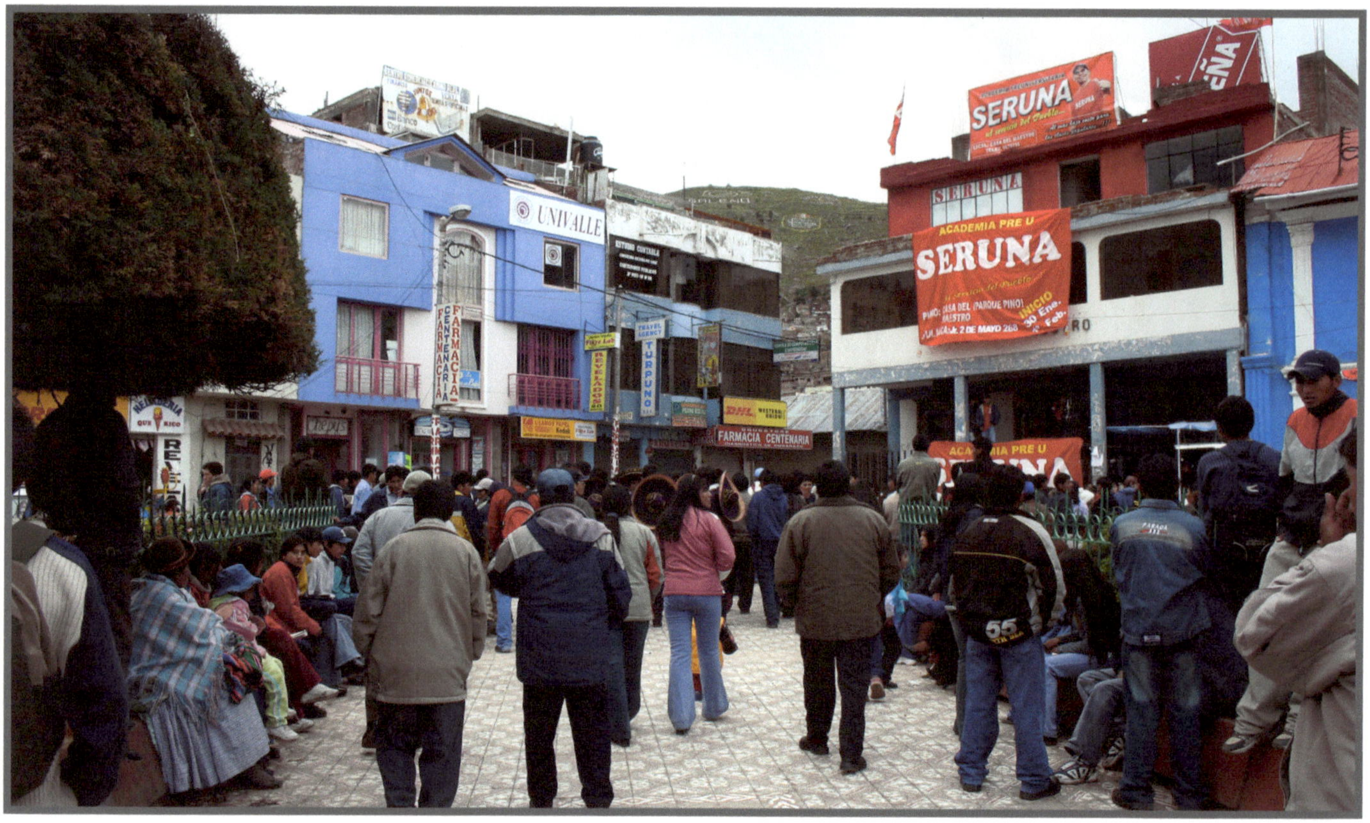
SERUNA
ACADEMIA PRE U
SERUNA
UNIVALLE
FARMACIA CENTENARIA
FARMACIA CENTENARIA

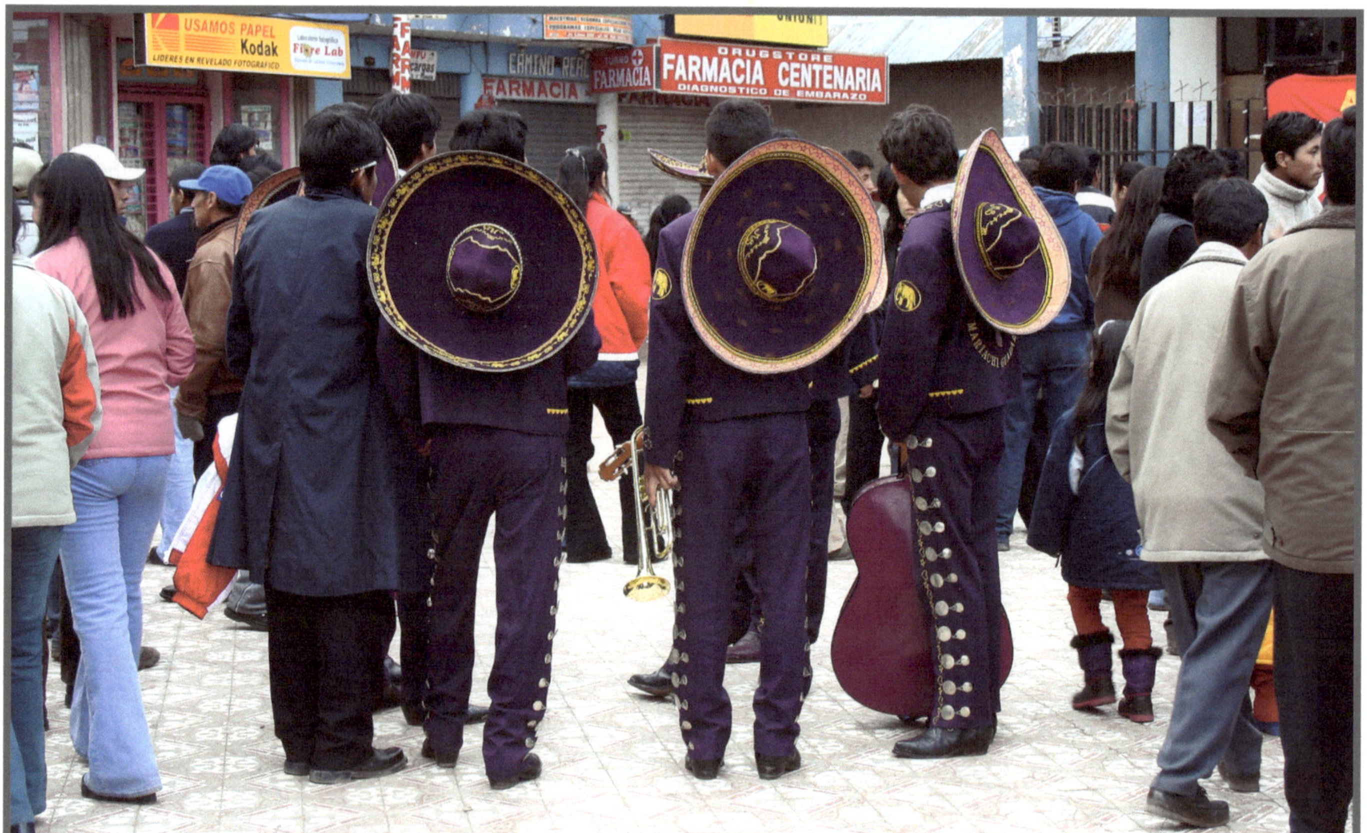
USAMOS PAPEL
Kodak
LIDERES EN REVELADO FOTOGRAFICO
Fibre Lab
DRUGSTORE
FARMACIA CENTENARIA
DIAGNOSTICO DE EMBARAZO
FARMACIA

Sorminukkeja myytävänä.

Ympäröivältä maasudulta ihmiset tulevat kaupunkiin ostoksille ja myymään tuotteitaan mm. vihanneksia ja itsetehtyjä käsitöitä.

Ruoho on vihreämpää aidan toisella puolella.

Punosta Bolivian rajalle. Maantie sijaitsee milloin kauempana milloin lähempänä Titicaca-järveä.

Perun ja Bolivian raja. Tien yli on puomina ohut riimu.

BOLIVIA

Tie raja-asemalta kohti Copacabanan kaupunkia.

Tervetuloa Boliviaan,

Copacabana

Copacabana on pikkukaupunki Boliviassa, joka sijaitsee kahden kukkulan välissä Titicacajärven rannalla. 6 000 asukkaan kaupunki sijaitsee 3 841 metrin korkeudella merenpinnasta La Pazin hallintoalueella. Se on Bolivian suosituimpia matkailukohteita. Kaupungin suosiota lisää Etelä-Amerikan tärkein pyhimyshahmo Copacabanan neitsyt.

Tämä on alkuperäinen Copacabana - nimi on lainattu täältä Rion rannalle. Inka asutti aluetta jo ennen kuin espanjalaiset rakensivat Neitsyt-kappelinsa ja muuttivat sen katoliseksi pyhiinvaelluskohteeksi. Copacabanan uskonnolliset juhlat, kulttuuriperintö ja perinteiset festivaalit tunnetaan koko Bolivian alueella. Kaupungissa on suuri 1500-luvulta peräisin oleva pyhäkkö, Copacabanan Our Lady of Basilica. Our Lady of Copacabana on Bolivian suojeluspyhimys.

Uskomus on, että nimi oli alun perin Aymara kota kahuana, eli "näkymä järvelle." Kuitenkin yhteiskuntatieteilijä Mario Montaño Aragón, joka löytyy Sevillassa Espanjassa sijaitsevasta Inka-arkistosta, on täysin erilainen historia: "Kotakawana" on hedelmällisyyden jumala muinaisessa Andien mytologiassa, mikä vastaa klassista kreikkalaista jumalatarta Aphroditea tai roomalaista Roman Venusta. Tämä jumala on androgynous ja asuu Titicacassa ja hänen tuomioistuimensa koostuu olennoista (miehistä ja naisista), jotka ovat edustettuina siirtomaalaisina veistoksina katolisissa kirkoissa. Niitä kutsuttiin "Umantuusiksi", joita kutsutaan merenneidoiksi länsimaisessa kulttuurissa.

Copacabana on tunnettu myös valkoisesta maurilaistyylisestä basilikasta. Basilika on rakennettu entisen muinaisen temppelin muistoksi siitä, että sivilisaatiot kukoistivat tällä alueella jo kauan ennen siirtokuntien valloitusta

Basilika vie koko korttelin alan. Valkoinen rakennus on koristeltu portugalilaistyylisellä pyöreällä kupulla ja värikkäillä keraamisilla laatoilla. Ensi silmäyksellä se näyttää enemmän maurilta kuin kristityltä rakennukselta. Basilikan aarre on Camarin de la Virgen de Candelaria - 1400-luvulla veistetty patsas, jonka sanotaan olevan vastuussa lukemattomista ihmeistä. Sanotaan myös, että jos patsas poistetaan Titicaca-järvi nousee kapinaan ja tulva valtaa kaupungin.

Yksi Copacabanan erikoisimmista Bolivian ilmiöistä on autojen siunaus. Joka päivä katedraalin ulkopuolelle kerääntyy autonomistajia, jotka koristelevat autoja värikkäillä bannereilla, kukilla ja joskus hatuilla. Pappi siunaa autot ja pirskottelee pyhää vettä autojen päälle ja sen jälkeen tarjoillaan samppanjaa, olutta tai coca colaa. Se on täydellinen näyttely uskonnollisesta suuntauksesta Latinalaisessa Amerikassa, nimittäin natiivien uskontojen ja traditioiden verkkottumisesta Espanjan katollisuuden kanssa.

Bolivialaiset uskovat vielä tiukasti erilaisiin taikaesineisiin ja rituaaleihin vaikka ovatkin kristittyjä. Useimmiten noitakauppojen valikoimista löytyy sulassa sovussa pyhimysten kuvia, noitatarvikkeita ja lääkeyrttejä moniin vaivoihin. Vanhat naiset istuvat pikku kojujensa edessä ja kaikilla on edessään poltettavaksi tarkoitettuja pieniä esineitä jotka kuvastavat rahaa, onnea, rakkautta ja kaikkea mitä ihminen voi toivoa. Esine poltetaan ja toivotaan, että poltettu esine muuttuisi todeksi. Todella suurien toiveiden toteutumista varten naisilla on myynnissä laamojen tai kotkien kuivattuja sikiöitä, joiden polttaminen voi parantaa vaivasta kuin vaivasta tai auttaa saamaan uuden työpaikan.

Perinteisiin asusteisiin pukeutuneet "cholitat" istuvat kadulla kukin oman myyntitiskinsä tai myyntikärryjensä äärellä. Näiden naisten ikää on vaikea edes arvuutella. Kaikilla on musta tukka ja pitkät paksut letit. Pään päällä keikkuu pieni knallihattu (jos hattu vinossa = naimaton, jos hattu suorassa = naimisissa), leveää lantiota korostetaan monikerroksisella hameella, hartoilla on paksu viltti hakaneulalla kiinni. Monilla on selässä iso kangasnyytti, johon näyttää uppoavan yhtä sun toista esim. lapsi tai pieni laama tai lammas tai käsilaukku ja muu omaisuus.

Katu kohti Titicaca-järven rantaa ja satamaan.

Titicaca-järven saaria ja rantoja.

Kaislaveneissä on pelottavan näköiset keulat.

Isla del Sol - Aurinkosaari

Saarella on Inka-uskonnon tuoja rooli, jossa on monia legendoja ja tarinoita, jotka tunnistavat Isla del Solin auringon.

Isla del Sol (Aurinkosaari) on saari Titicacan eteläosassa. Se on osa nykyaikaista Bolivian osavaltiota ja kuuluu La Pazin osavaltioon. Maantieteellisesti maasto on ankara, se on kivinen, mäkinen saari, jossa on paljon eukalyptuspuita. Saarella ei ole moottoriajoneuvoja eikä päällystettyjä teitä. Saaren noin 800 perheen pääasiallinen taloudellinen toiminta on maataloutta, jossa kalastus ja matkailu lisäävät tuloja. Monilla saarella sijaitsevilla kukkuloilla on maatalousperheitä, jotka viljelevät jyrkkää ja kallioista maata.

Useista kylistä Yumani ja Ch'allapampa ovat suurimmat. Saarella on yli 80 raunioita. Useimmat näistä ovat Inka ajaita noin 15. vuosisadalla j.Ks. Arkeologit ovat löytäneet todisteita siitä, että asukkaat asuivat saarella jo kolmannella vuosituhannella ennen ajanlaskumme alkua ja saari oli jatkuvasti asutettu nykypäivään asti.

Auringon saari tunnettiin aikaisemmille asukkaille Titi Khar'ka;na (Rock of the Puma), josta Titicaca-järvi nimetään.

Kronologi Bernabé Cobo dokumentoi Inkan ja auringon alkuperästä, joka tapahtui tämän saaren pohjoisosassa. Legenda kertoo, että parrakas valkoinen jumaluus-kuningas Viracocha ja ensimmäiset Inka Manco Capac ja hänen sisarensa joka oli myös hänen vaimonsa Mama Ocllo mystisesti ilmestyivät suoraan aurinkokunnan toimesta. Useimmat nykypäivän Aymará- ja Quechua-kansat Perusta ja Boliviasta hyväksyvät nämä legendoiksi.

Yhdessä mytologian versiossa maakunnan muinaiset ihmiset olivat monen päivän ajan ilman valoa taivaalta ja pelästyivät pimeydestä. Lopulta ihmiset näkivät auringon nousevan kalliosta ja uskoivat, että se oli auringon asuinpaikka. Toisessa Cobon liittyvässä versiossa ihmiset uskoivat, että kallio oli omistettu auringolle, koska se kätkeytyi kallion alle suuren tulvan aikana. Isla del Sol oli ensimmäinen maa, joka ilmestyi sen jälkeen, kun tulvavedet alkoivat vähentyä ja aurinko nousi Titi Qalasta valaisemaan taivasta jälleen kerran. Tälle kalliolle rakennettiin temppeli, jota myöhemmin laajensi kymmenes Inca Tupac Inca Yupanqui. Hän rakensi luostarin mamaconas (valitut naiset) ja tambo (inn) vieraileville pyhiinvaeltajille.

Koska saarella ei ole koneita, tapahtuu maankääntö käsin. Pellot sijaitsevat jyrkillä rinteillä minne jo inkojen aikaan on rakennettu penkereitä.

170

Alpakat ja laamat ruokailemassa.

Seur.sivu. Maanviljelysperheiden asumukset sijaitsevat rinnepenkereillä.

Alpakoilla ja laamoilla on hienot näkymät Titicaca-järvelle.

Opas esittelee kaislaveneen rakennetta.

Kaikki käsitöitten työvaiheet tehdään itse.
Alpakan keritsemisestä valmiiseen kudottuun tuotteeseen.

Poppamies taikoo hyvää matkaonnea matkalaisille.

Isla del Solin satama.

Tiquinan salmen yli kulkee vilkas lossi liikenne.

Titicaca-järven ranta-asutusta.

Laiva saapuu kohta satamaan ja matka jatkuu linja-autolla kohti La Pazan kaupunkia.

KalleCat

Valokuvaus
Hemmo Vattulainen
kallecat@outlook.com

www.ingramcontent.com/pod-product-compliance
Lightning Source LLC
Chambersburg PA
CBHW041409010526
44107CB00015B/1118